LEONARDO DA VINCI

La Vida y su Verdad

Duá

2024

LEONARDO DA VINCI

La Vida y su verdad

2024

Créditos

© DECF. Duá.
LEONARDO DA VINCCI-La vida y su verdad
ISBN Libro en papel: 978-84-685-8621-2
ISBN eBook en PDF: 978-84-685-8622-9
Impreso en España
Editado por Bubok Publishing S.L

Dedicatoria

A la razón de mi vida;

mi Dios, por Ser.

A Manuel y Carlos;

mis hijos, por Estar.

A la humanidad toda por,

al fin, ver la luz.

Agradecimiento

A Dios, por su infinita misericordia,
A Leonardo da Vincci,
Artifice de éste hermoso documento
Por Ser, por Estar, por Dar tanto,
Por su hacer desmedido,
Por ser muestra de valor y tenacidad,
Por ese amor incondicional.
Gracias

Indice

Créditos 6

Dedicatoria 7

Agradecimiento 8

Indice 9

Introducción 13

Capítulo 1 15

   ¿Quien fue Leonardo Davincci? 15

   Leonardo y su lujuria 18

   Camino al andar 18

   Los maestros de leonardo 20

   Las riquezas de Leonardo 21

Capitulo 2 23

   Leonardo y su andar 23

   ¿Quién es Chucho? 25

   El renacer de Leonardo 26

   La mas loca locura 28

   Las primeras pinturas de leonardo 30

   Su estudiante preferido, Chucho. 32

Capitulo 3 34

   Las más perfectas obras 34

La más adorable lámpara 37

Escaleras, sin fin 39

Su retrato robado, la Mona Liza 41

Capitulo 4 47

La más angustiosa espera 47

Sus cuadros 50

Los deseos de Leonardo 59

Pinturas por pedidos 61

Dibujos en dos minutos 62

Insultos jamás dichos 70

Las medicinas y sus remedios 71

Sus escrituras de revez 76

Los inventos que no son 81

Epilogo 86

TABLA DE ILUSTRACIONES

Ilustración 1 Ellas eran tan generosas, que andaban repartiendo pan elaborados por ellas mismas. 52

Ilustración 2 Deseos de que esa mujer fuera su madre 59

Ilustración 3 las madres de ambos y ellos siendo niños 59

Ilustración 4 Leonardo y Daniel 59

Ilustración 5 De esa forma imaginaba su sufrimiento 60

Ilustración 6 Si bien La Mona es la hija de Daniel, no hizo su rostro porque fea y puso el suyo con deseos de gritar   ÉSTE SOY YO. 60

Ilustración 7 Asi deseaba estar 60

Ilustración 8 Leonardo deseaba haber sido mujer y tener asi una familia ...60

Ilustración 9 Pablo, el gobernador sanguinario 63

Ilustración 10 Este esclavo fue encontrado asi, ya muerto y a su amigo se le ocurrió revanarlo, todo, para ver como era el humano por dentro..............71

Ilustración 11 Asi comenzó ese fin, hacerlo revanada.................................71

Ilustración 12 Fue idea de su amigo, le podió lo dibuje brincando, abriendo y cerrando los brazos y las piernas 77

Ilustración 13 Ideas de Chucho y Daniel para cazar y Leonardo poniendo su ingenio..81

Ilustración 15 Idea de Chucho que andaba buscando la forma de cazar palomas, puso la idea, Leonardo la perfeccionó 81

Ilustración 16 El dueño de la idea fue un tipo muy bueno llamado Felipe que amaba a los barcos 81

Ilustración 17 Su dueño, Simón, hijo amado de Chucho, buscando entretenerse 82

Ilustración 18 El gallinero del padre Chucho, hecho e ideado por los tres: Chucho, Leonardo y Daniel 82

Ilustración 19 Esto es un recogedor de maiz, ideado por Leonardo para que Daniel no pase tanto trabajo 83

Ilustración 20 Idea de un loco trotamundo que llegó a la Loma buscando comida. El miraba a las aves y decía que podía volar también para no caminar. Nunca se fue, se quedó ayudando a Chucho 83

Ilustración 21 Los tres, Leonardo, Daniel y Chucho, deseando poder salir de ese lugar, idearon eso que nunca lograron utilizar. 84

Ilustración 22 La magestuosa carreta de leonardo, ideada y elaborada por él con la ayuda pertinente 84

Ilustración 23 Nada de lo que dicen, es 85

Ilustración 24 Esta fue idea del mensajero del Rey Felipe, que cansado de andar corriendo, ideó algo para poder andar sin tanto esfuerzo, Leonardo solo lo dibujó perfeccionandolo. Nunca realizó su sueño. 85

Introducción

Leonardo da Vincci, conocido como un genio en casi todas las ramas cientificas del saber, el hombre de la escritura alrevez, el super dotado hombre capas de poner en sus cuadros más situaciones dentro de los mismos, no es.

Su historia está repleta de cosas extraordinarias, pero su total vida no es tal; su vida y realizaciones siguen ocultas, hasta hoy.

Todo eso asombroso que está de Leonardo y que el mundo conoce, no es más que un retrato hecho a la medida de las circunstancias, tal como él hacía con sus cuadros, los miles de bocetos que dejó, dibujos que en 2 minutos hacía; en los inventos que le atribuyen y que, si es verdad hay algunos que fueron su invento y creación porque los ejecutó; no son más que su aporte utilizando su innata habilidad de dibujar.

Aporte que, sin saber, pusieron futuro contribuyendo con la ciencia y haciendo famosos a quienes supieron interpretar, ejecutar y mejorar.

Entre el cielo y la tierra, no hay nada oculto. Leonardo, un ser humano excepcional, sufrido, abusado, viviendo a la deriva; servicial, generoso, dador de vida; y, -gracias a quienes tomaron su legado-, convertido en un genio y que, al mismo tiempo, resulta falso y sin escrúpulos, no es más que un prominente dibujante y pintor.

Nunca mintió, aquellas redacciones son su contribución con quienes lo hicieron; nadie supo más que actuar, nadie dijo esto no puede ser, nadie puso caso a su señal. Ahora, seguro pondrán el grito en el cielo; mas, LA VIDA Y SU VERDAD está aquí, poniendo las cosas en su lugar.

Capítulo 1

¿Quien fue Leonardo Davincci?

Leonardo Davincci fue un espectacular dibujante y es que desde sus tiernos nueve años, le encantaba representar con lápiz, la hierva, animales, todo lo que le llamaba su atención y tambien a personas.

A los diez años, dibujó a su amada madre, mismo que guardó tan bien oculto, que nunca fue mirado por nadie; mas, a causa de ese fiel motivo, continuó con sus retratos. Nunca puso precio a sus cuadros, solo los hacía y entregaba al modelo, porque era él quien pedía les permitieran retratarlos.

Asi pasó, aunque con dolor por la injusticia de su padre, quien, desde sus escasos seis años, empezó con sus aberrantes y macabros abusos, mientras su madre se ahogaba en dolor sin poder ni abrir la boca debido a que era autoridad en ese lugar y miembro de la poderosa inquisición y la maltrataba, siendo que en aquella época las mujeres no tenían derecho a nada y menos si se trataba del marido.

Leo, como lo llamaba su madre, andaba siempre rezando y peor cuando era masacrado por su padre, porque asi decía su madre para que Dios lo ayude. Mucho lloraba, mucho se ocultaba de ese espanto, hasta que un día, cuando estaba ardiendo en fiebre, su madre lo tomó en brazos y se fue sin rumbo, llegando, mas o menos, al cuarto día a casa de un sacerdote, alli cuidaron de los dos.

Se hizo la mucama de todos y todos los sacerdotes la querían, pero andaba uno sin reparos que quería poseerla. Ella fue absolutamente dura y se cansó de ese fin aceptando condición. Contaba con 37 años y era muy hermosa.

Miguel y Toledo era el gobernador de ese lugar y la amó desde que la vió. Era su Reina y asi fue tratada. Alli creció, alli se educó y alli continuó esa labor, dibujar.

Ser piero da vinci, padre de Leonardo, jamás se preocupó por ellos y terminó sin absolutamente nada mas que con esa condición, acabando como puerco despedazado cuando fue descubierto, dañando de esa forma a muchos niños y amenazando a sus angustiadas y sufridas madre

Pero no contaba con el dolor que ponía, entonces, todas se pusieron de acuerdo para que cuando el monstruo actuara, al niño que le tocaba debía gritar y fue asi como todas esas madres locas de dolor y rabia, lo hicieron pedazos.

Leonardo y su lujuria

La vida de Leonardo ya había sido dañada por su horroroso padre y a los 17 años, empezó con su locura. Se iba en busca de los esclavos, en su mayoría negros, y tenía sexo loco con ellos. Asi pasó tres años hasta que su padrastro los miró.

Ese buen hombre lo aconsejó y le dijo que busque su camino, que haga de su afición, su oficio porque Leonardo nunca dejó de dibujar. Y asi fue que con la bendición de su madre y de su padrastro, se marchó.

Camino al andar

Caminando, y llevando a cuesta todos sus retratos, llevaba su más preciado trabajo, el retrato de su madre, dejando muchos, absolutamente bien guardados.

Tres semanas caminando, comiendo lo que encontraba y durmiendo bajo el cielo estrellado, hasta que cierto día, apareció otro forastero. Era un hombre joven, arapiento y negro como noche sin luna ni estrellas. Continuaron su andar juntos hasta que el sexo era su comida. Fueron meses llenos de placer, de vivir por vivir, de alimentarse con frutas especialmente las guayabas que abundaban, sandias y las sanas manzanas que las había en todo el trayecto.

Pero nada es como deseamos y ese forajido lo abandonó porque iba a ver a sus queridos padres que trabajaban como esclavos donde el temible Simón.

Un hombre de aspecto osco y grande, muy feo, lleno de bellos y andrajoso que se dedicaba a ayudar a los peregrinos que, en busca de comer, llegaban por esos parajes. Eran miles, descansban y seguian. Como eran tantos, lo que cocinaban no les alcanzaba y comian frutas que las había en abundancia.

Asi, caminando, leonardo llegó a Milán. Sin conocer a nadie, sin tener donde guarecerse, sin mas que sus cosas, decidió ir a una Iglesia. Alli el cura, conocido como "Padre Tomas" lo mantuvo como un sobrino. Leonardo, guapisimo, blanco, su asortijado cabello rubio, sus ojos, todo en él era bonito. Nadie protestó su presencia, al contrario, el se ganó la confianza de todos.

Hasta que un dia, despues de dos años, emprendió de nuevo su andar. El padre Tomas, muy triste lo despidió, le dio su bendición, le puso mucho pan y comida para el camino y Leonardo puso camino a su andar hasta que, despues de muchos días, llegó a genova dirigiendose a otra Iglesia donde lo envió el padre Tomas. El cura, de nombre Pablo Cruz de Montesiur, era un ser humano excepcional. Alli, a traves del padre Pablo, conoció del que fuera su primer maestro, Miguel Angel. Despues de diez meses decidió regresar a Florencia para ir en busca de Miguel Angel.

Los maestros de leonardo

Ya en Florencia, Leonardo quiso ver a su madre y se encontró con la funesta noticia, había muerto tres semanas antes y su padrestro no podía con el dolor. A partir de ese momento, Leonardo nunca se separó de ese buen hombre, sobre todo, por lo respetuoso y cariñoso que fue con él.

Un par de meses más tarde, cogió su caballo, -ese mismo que el Padre Pablo le dio para su viaje de regreso a Florencia-, sus cosas, a su padre y se marcharon en busca de Miguel Angel.

Desde entonces se dedicó a su padre, - que, por cierto, nunca tocaba su condición-, todo hacía como su amado padre decía, pero no con sus retratos, alli su padre era sumamente respetuoso y jamás le protestaba. Su misión fue cuidarlo, complacerlo en sus deseos para la realización de sus cosas, combersaban mucho, reian y se entristecían, hasta su muerte, dos años más tarde. Todas las riquezas de ese fiel padre pasaron ser de Leonardo. Quedando su deseo de encontrar a Miguel Angel, solo en eso, deseos.

Las riquezas de Leonardo

En aquella época no se estilaban los titulos de propiedad, el que quería y podía, se dedicaba a la agricultura, especialmente la siembra de trigo y maiz, el resto de frutas tanto en árboles como rastreras, eran silvestre.

El padrastro de Leonardo, a más de ser un tipo emprendedor y poderoso, ayudaba a los peregrinos y los sembrios en manos de sus esclavos quienes, no recibían dinero sino raciones de alimentos y vivian en cobachas echas por ellos mismos.

Fue propietario de extensos campos por ayudar a los que no tenian. Fue por eso que Leonardo, cuando le entregaron, aquí si por escrito, la cuantiosa herencia que le dejó su padrastro, inmediatamente lo distribuyó entre todos los esclavos que servian, fielmente, a su padre.

Todo se repartió, menos la casa que dejó su padrastro, donde enfermó hasta que falleció el padrastro y, despues de mucho tiempo, él.

Leonardo vivía sin rumbo, pero nunca abandonó ese lugar hasta que se vió cansado y enfermo que decidió quedarse definitivamente.

Capítulo 2

Leonardo y su andar

Caminaba de Norte a Sur y de Este a Oeste, ayudando cuando podía y pintando cuando le daba la gana, acumulando cientos de dibujos que, en su amada carreta cargaba. Todo con lapiz, dibujaba lo que le llamaba su atención; asi: aves, mariposas, montes, árboles, animales y rostros, solo rostros de personas, pero solo de hombres.

Alrededor de dos años anduvo caminando halando su carreta llena de sus dibujos y enceres, su alimento las frutas que habia en abundancia y cuando encontraba peregrinos o algun lugar de asentamiento, le brindaban comida...hasta que llegó a Roma.

Mucho pasó dificultades, comía de vez en cuando, descalzo porque los zapatos no soportaron tanto caminar y dormía, muy acurrucadito, debajo de la iglesia mayor. Así pasó como dos meses.

En ese lugar se arremolinaban los peregrinos que iban en busca de comida, todo era miseria, personas arapientas, enfermas, flaquitas, desnudos, rubios, blancos, negros, pero nadie en buenas condiciones; mas, la maldad reinaba, el hambre ponia daño, mataban por un bocado y los muertos tirados como basura.

Había Poderes en, puesto hoy, Roma, que conocían esa miseria y no solo alli, en todos los alrrededores, pero nunca se preocupaban por ayudar, ni a sus propios esclavos. Hasta que, por misericordia de Dios, apareció Chucho.

¿Quién es Chucho?

Muy, absolutamente forrado, con zotana color café y un tremendo super rosario elaborado con pepas de jaboncillo y como cruz, una elaborada por el mismo padre chucho, de madera. Contaba con unos treinta años, blanco, alto, su cabello ensortijado negro, descalzo, andaba buscando a los niños que abandonaban, era el hombre más bueno de todos los tiempos, el muy amado Padre Chucho. En su tarea, vió a este hombre rubio, andrajoso, flaquito con enorme barba, casi moribundo y con su carreta llena de no imaginaba que, lo llamó y únicamente le dijo "Vamos". El padre Chucho andaba con cuatro de sus hijos putativos y subiendo a Leonardo en la carreta, se lo llevaron. Caminaron durante cuatro días mientras le daban agua y lo alimentaban porque Leonardo moría. Puso a uno de sus muchachos a cuidarlo, alimentarlo, atenderlo. El padre chucho, no recistió la curiosidad y abrió el contenido de esos bultos y casi cae desmayado, fue tal su impresión que tomó con sumo cuidado cada uno de esos dibujos y los guardó haciendo la promesa de jamás darlo siquiera para mirar.

Siete semanas tardó Leonardo en recuperarse, pero siempre mirando las acciones de Chucho. Todo era tan sublime para Leonardo que pensó era el Cielo.

Al principio, despues de su combalesencia, solo ayudaba cocinando porque niños como mil, después los educaba, enseñando sus conocimientos, les decía que *"Era mejor andar sin rumbo que hacer daño"*.

El renacer de Leonardo

Ya totalmente recuperado, el padre Chucho, que sabía ya lo de Miguel Angel y el porqué no había podido ir en su busca para perfeccionarse, le dijo que lo busque y lo haga. Asi fue como preguntando llegó a Miguel Anglel que, justamente, se encontraba en Roma.

Habló con Miguel Angel quien, al principio, dudó en ayudarlo. Se puso a mirar todas sus obras y puso reparo en "la última Cena", sin pensar le dijo al célebre pintor *"Esto es falso"*. Miguel Angel muy enfadado le ordenó *"Anda, azlo tú"*.

Muy completamente asustado por la reacción del pintor, Leonardo empezó con su tarea, pintar la Última Cena. Cuando terminó el dibujo, Ángel, como llamaban al pintor, frunció el ceño y tomando su paleta, la empezó a pintar.

(F:I:Tomado de google)

Tan pronto terminó de pintarlo, dijo: *"Esto es mio"*, y lo firmó. Leonardo, dolido con la actitud de Ángel, lo tomó como su enseñanza porque alli empezó a colorear sus dibujos. Asi, la SANTA CENA (Dibujada por Leonardo y pintada por Miguel Angel), según Leonardo, REPRESENTA: malos amigos, discusiones funestas, señalamientos, y condenas. Pero Angel vio total su representación sobre la "Santa Cena" y todos lo miraban y se regocijaban viendo una real representación mistica, cuando era todo lo contrario. A leonardo solamente dio su mas preciado tesoro, el conocimiento. Sin embargo, la amistad de ambos fue muy especial, tanto que tenian muchos reveses, pero Miguel Ángel era un tipo legal y, lo que hizo en un momento de locura, lo rectificó dando la autoría a su verdadero dueño.

La mas loca locura

Para entonces, ya Leonardo era muy conocido en Roma. Mucho tuvo que sufrir, mucho hambre y tormento supo recibir, pero nunca tuvo deseos de poner daño.

Lo miraban y comentaban ese lindo rostro, -ya cruzaba los 40 años-, y tomó su condición como protesta, porque en aquella época, los maricones eran flagelados.

Todo era feo, desde el gobernador hasta los lacayos, hacian locuras; cogían mujeres para aparearlas y se turnaban hasta matarlas, después eran festin de los tigres. Nadie controlaba, era más infierno que lo mismo. Después, hacían largas colas donde esperaban fieles lo suyo, raciones de comida que concistía en granos y trigo. Eran feos, grotescos, altos, flacos, con el cabello erizado y largo, cubiertos con andrajos y sucios, unos con dientes otros desdientados, ojos enrojecidos y muy abiertos, negros y blancos. Cuando morían, simplemente eran el festin de los enormes, hermosos y peligrosos tigres.

El padre Chucho, nunca anduvo acompañando a Leonardo, pero nunca lo dejó solo; en cambio Leonardo siempre anduvo con él. Caminaban y recogían pequeños abandonados por esas funestas madres que, por andar en sus locuras sexuales, los dejaban tiraditos para despues andar como locas gritando llamandolos.

Las primeras pinturas de leonardo

Leonardo era genial en conseguir sus musas y entre las prostitutas, que las habian, muchas y muy lindas, escogía a las que podían cumplir con su pedido que concistía en atabiarse como damas para poder pintarlas. Ellas, muy felices lo hacían y recibían parte del valor que Leonardo les ponía para la venta, en comida y enceres, porque estas mujeres, que muchas no tenian ni nombres propios, peor podían tener esas monedas que concistian en unas bolas aplastadas de oro puro.

¿Quién podía reconocer a una prostituta entre esas hermosas damas pintadas? Nadie. De haber sido el caso, a Leonardo, simplemente, lo mataban. Pero una si fue totalmente reconocida por el hombre más adorable de ese lugar y primogénito del Go-

bernador. (F:I:imagen tomado de google-https://www.facebook.com/antrophistoria).

Lo miró y poniendo dedo de orden dijo: "Este, me lo llevo". Después regresó pidiendo a Leonardo le diga donde encontrarla, la buscó y juntos hicieron su maravillosa vida.

Todo el dinero recaudado, integro, se lo daba al padre Chucho para abastecer los alimentos de los niños, jovenes y más que llegaban y ocupaban el lugar, que está ubicado donde es hoy MASADA.

El material para realizar sus pinturas, no los compraba, todo era dado por aquellos compradores que pudiendo ayudar a tanta gente que moría de hambre, enfermedades, sin ropa, andrajosos, pidiendo; totalmente sin razón, ordenaban se aparten, -tal cual peste,- cuando éllos estaban presente, eran muchos y de todos lugares que llegaban por conocer a Leonardo, ver y pedir sus trabajos. Leonardo enfermó con una fiebre que nadie pudo aliviar, entonces decidió ir en busca de su refugio, el padre Chucho. Allí, a punta de sus hierbas, te y sopitas de paloma, lo curó muy bien sanito.

A partir de entonces dedicó, todo su tiempo, a recorrer en busca de niños abandonados y poniendo ayuda, con el padre Chucho y 4 de sus hijos que, ya hombres, decidieron quedarse con él para ayudarlo. Ellos eran: Luis, Manuel, Daniel y Miguel, nombres puestos por Chucho, solo nombres, sin apellidos ni nada. Ellos, todos, eran los hijos muy amados del Padre Chucho.

Su estudiante preferido, Chucho.

Nunca descansaban, cuando lo hacían, tuvo su ansiado deseo. Y es que Leonardo ansiaba enseñar a dibujar y a pintar y dadas las condiciones de ese lugar en, hoy Roma, era imposible, entonces decidió que Chucho sería su primer alumno.

Ilustración 1 Obra del Padre Chucho. Tomada de google.

Y qué calidad de alumno fue que aprendió tal cual, excelente el alumno y un genio el maestro. Este lindo motivo, su amoroso hacer. Fue, como decir, su examen final.

Leonardo, fuera de Roma, tuvo muchos aprendices, enseñaba a pintar y parte de ese recurso era para darlo al padre Chucho cuando, en sus recorridos, se encontraban y cuando iba a la Loma de visita.

Permanecía con ellos entre diez y quince días, en los cuales ayudaba a cocinar, a buscar las frutas y legumbres que sembraban y tambien a sembrar y, obviamente, a sus encuentros con Daniel. Algo que el padre Chucho jamás ni sospechó porque todo era respeto. Su condición fue puesta, no con absoluta seguridad, después de muerto y por lo subjetivo de algunos cuadros. Hasta hoy.

Capitulo 3

Las más perfectas obras

Todo se repite en esta humanidad, asi como en estos momentos existen gobernantes que solo velan por si mismo y los suyos acaparando con todo sin ver ni oir mas que sus desmedidas ambiciones de Poder, asi existieron en aquella época.

Una tarde, Leonardo andaba buscando como hacer leña, cuando Daniel estaba, muy oculto entre los montes, masturbandose. Sin pensarlo hizo su parte y desde entonces fue su, oculta, pareja. Daniel era un hombre muy extremadamente feo, enorme, abandonado por los asesinos de su madre y que el padre Chucho encontró en muy malas condiciones.

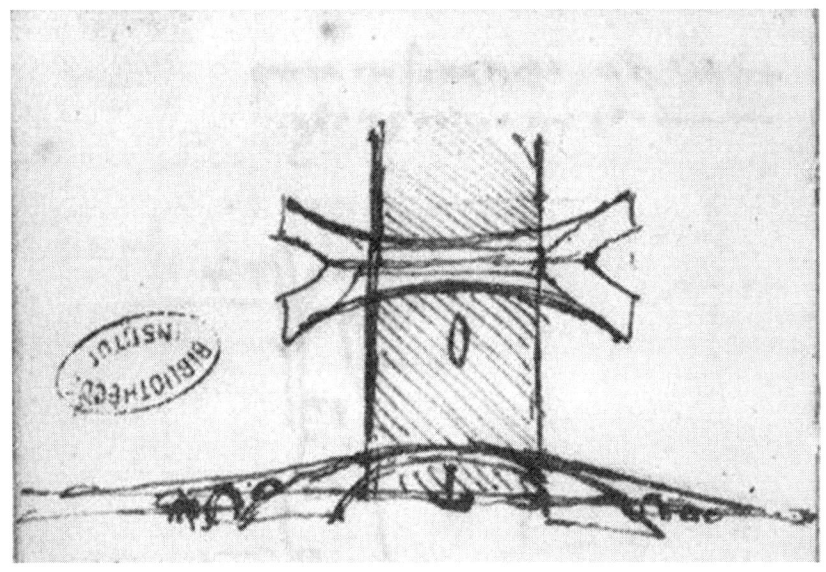

(F:I:Google)

Daniel, solia hacer los puentes para que, durante sus recorridos, podieran pasar lugares donde había riachuelos.
Asi, Leonardo dibujó ese fin, mirando sus realizaciones.

Asi, cero Leonardo, esa es obra del ingenio de Daniel por ayudar al padre Chucho en sus recorridos. Asi amaban a este buen hombre, asi lo ayudaban en la medida que crecían y asi Leonardo dedicó mucho de su vida a ser parte de una labor que hacían a escondidas, para no ser descubiertos por los gobernantes que en lugar de ayudar los destruían.

Todo se repite en esta humanidad, asi como en estos momentos existen gobernantes que solo velan por si mismo y los suyos acaparando con todo sin ver ni oir mas que sus desmedidas ambiciones de Poder, asi existieron en aquella época. Que los bubieron buenos, si que los hubo, pero en ese lugar, no. Hasta la llegada de un ser muy amado llamado DIOMEDES.

La más adorable lámpara

Daniel, quería poder alumbrar ese lugar, porque donde estaban, en hoy Masada, era totalmente obscuro por la noche y no podían atender a los niños pequeñitos, entonces tuvo su grandiosa idea; como había mirado que las grasas hacían llamas, decidió empapar ful mantas y ponerlas entre grandes piedras, jamás tuvieron obscuros.

Y total dibujo, Leonardo dibujaba cada motivo que hacía su propia vida, porque en eso se convirtió Daniel quien, a su vez lo llamaba mi rubiecito. Y como no encuentro ese boceto, toca hacerlo; por tanto, con la ayuda de Dios, aquí ambos.

Escaleras, sin fin

Esto tambien se le ocurrió a Daniel, porque cuando salian en busca de alimentos y a recoger niños abandonados y ayudar a los peregrinos, bajar la montaña no era lo dificil, aunque rodaban como bolas, sino la subida. Entonces se puso a hacer lo que está dibujado por Leonardo.

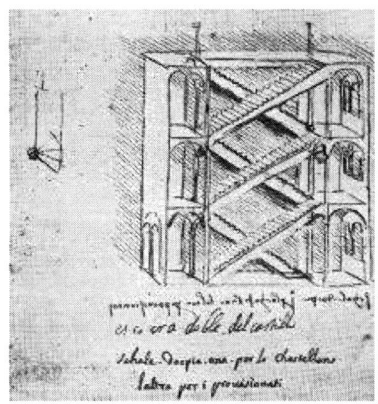

Mucho recreó Daniel tratando de facilitar la labor del padre Chucho y de ellos; mas, solamente ese puente de palos fue lo unico que hizo. De alli la inspiración de Leonardo

Daniel era fuerte pero gordo, ya contaba con unos 50 años, y un día le comenzó a doler la cabeza, nada lo calmaba hasta el cuarto día que murió. Leonardo quedó destrozado y se propuso hacer todo lo que él deseaba como tributo y como diciendo, en cada dibujo, que Daniel era su vida.

Leonardo se negaba a sepultarlo teniendolo hasta que empezó a mal oler, sin embargo, todos lo rodeaban acompañandolo. Nadie entendía su necedad, nadie supo el porque se negaba a despedirse de Daniel y nadie lo dejó solo.

Entre los que podían, que eran muchos, armaron la tarima que conduciría a Daniel hasta su ultima morada. No tenían cementerio, solo elegían un lugar, bien distante, y alli lo enterraban. Cargaron a Daniel muy envuelto en una gran manta de lana de borrego y asi lo sepultaron.

Sobre su tumba, Leonardo depositó una cruz de madera que Daniel le había hecho para que lo cuide mientras andaba en sus largos viajes y sentado sobre la tumba se negaba a abandonarla. Llovía a cantaros y Leonardo era delicado en su salud, a lo que Chucho, muy furioso, lo gritó haciendole ver que su salud estaba en riesgo y ni asi sospechó siquiera el motivo, solo creyó en el cariño inmenso que demostraba con su ayuda a todos en ese lugar.

De los dibujos dejados por Leonardo, habían escaleras muchas y totalmente diferentes; mas, nunca han puesto todo porque hacen absotuto fraude haciendose millonarios con las amadas escaleras de Daniel y dan puro inventos.

Su retrato robado, la Mona Liza

El retrato más amado de Leonardo y su más adorable y tierno secreto. Sucede que despues de su enfermedad, Leonardo dedicó su vida a ayudar al padre Chucho y en una de esas largas caminatas recogiendo niños abandonados y ayudando a quienes necesitaban de sus atenciones, apareció una mujer con toda su prole.

Convivieron todos reunidos por diez días, ella se hizo muy amiga de Leonardo porque él ayudaba a sus diez hijos. De unos cuarenta años, joven aun y fuerte, cochambrosa porque vivian caminando, se fijó en Daniel y no lo dejaba en paz. Daniel por su parte la mandaba por un tubo, pero ella incistente hasta que el pobre Daniel sucumbió a sus encantos.

Fea, le pusieron de nombre Daniel y Leonardo porque realmente que era bien fea y ella no lo sabía porque como no contaban con un espejo para mirarse eso no le importaba. Leonardo decidió pintarla, pero bonita (como él) y ella asi se creía.

(Tomado de google)

Decidieron llevarla con ellos a casa en "La loma" como llamaban a la, hoy Masada, a ella con sus 10 hijos. Pasado el tiempo la Fea empezó a dar señales de estar embarazada y sucede que esa sola vez con Daniel, tuvo su fruto. Fue un embarazo dificil y su parto peor, tanto que no recistió y murió despues de parir a la niña.

Desde ese instante, Leonardo y Daniel se convirtieron en los más amorosos y dedicados padre y madre de la "Mona" como la llamaron. Solamente el padre Chucho conocía ese fin. Los hijos de la Fea eran indiferentes a lo que sucedía con su madre debido a que no era dedicada con ellos, su vida era conquistar machos y tener hijos de esos machos y entre todos se ayudaban.

Le destinaron una cabra para que la amantara, esto hasta los cuatro años. Despues su alimentación muy variada, entre frutas, legumbres, pollo, carne, huevos y todo, todo y de todo para ellos. La Mona, desde sus cuatro años y en adelante, su deleite era andar con los otros niños, pero tarareando, no canciones porque nadie lo hacía, era solo su deseo hacerlo y los niños la rodeaban solo para escucharla. Su educación, Leonardo mismo lo hizo, la pintura, nació con ella y todo supo preparar, ayudar, andar con el Pdre Chucho en su tarea de dar, pero nunca pintar.

Mona ya andaba en sus treinta y aun dejaban abandonados a los niños, ella se convertia en la madre que nunca tuvieron. Nunca se enamoró y es que ningún varón la miraba como mujer porque era igual a su madre mezclada con su padre; muy fea, más que la madre, pero con un cuerpo esplendoroso. Leonardo y Daniel nunca la dejaron sola, eran como dos perros guardianes, porque no podían permitir que algún macho machote la tocara siquiera. Sabían que de hacerlo era solo por dañarla y burlarse de ella.

Mona no se conocía, ni en el agua; entonces Leonardo hizo lo que, con su madre, le pintó su cuadro para que se conozca. Ella no podía ver el cuadro hasta que estuviera acabado, y durante dos meses se mantuvo llena de curiosidad; mas, cuando llegó la hora fue chispeante su alegría, lo cogía, besaba, abrazaba y a Leonardo más.

Su rostro, parecido al de Leonardo; Las manos de ella, Su poderoso traje, inventado, a medida que la pintaba lo hacía. El fondo, muy absolutamente asi era en, hoy Masada; El agua, de la lluvia que quedaba estancada.

Su risa se apagó cuando su padre murió, alli contaba ya con 45 años, Leonardo con 70 y Daniel con 54 y el padre Chucho bordeaba los 70 años. A partir de entonces, la Mona se dedicó más a cuidar de esos bebitos y de sus padres Chucho y Leonardo.

Sus hermanos, como la gran mayoría de los chicos que alli crecían, emprendían vuelo en busca de sus vidas dejando atrás a su padre Chucho o papá como la mayoría lo llamaban, sus hermanos, su maravillosa vida. Son interminables las aventuras y situaciones que vivian procurando alimentos y abrigo con su muy amado papi Chucho, Daniel, Leonardo, la Mona y otros que decidían quedarse ayudando.

Capítulo 4

La más angustiosa espera

Solo quien lo sufre lo siente y leonardo moría cada día mirando a su niña sufrir sin poder hacer mas que sostenerla en su regazo y mecerla en una hamaca para que estuviera fresquesita. Fueron ocho meses de angustiosa espera hasta que dejó de respirar, dejándolo sin aliento.

Un par de años antes, la Mona ayudando a su padre con la capa, porque se iba a Roma, se recostó en el caballete y se dio un fuerte golpe en el seno derecho. Dos años más tarde empezó a hincharse el seno, se ponía compresas, hojas, montes, remedios silvestres, sin imaginar lo que realmente tenía.

Cuando empezaron las molestias, el endurecimiento y los horribles dolores, era inclemente su llanto, sus lamentos, sus suplicas, nada la aliviaba, solamente su padre que se la pasaba con ella en su regazo y meciendola en su hamaca, muy delgadita y con los estragos del cáncer que, en aquella época, no se conocía.

Muy distante de donde habitaban, sepultaron a la Mona, Leonardo que no sentía mas que su inmenso dolor, se quedó en la tumba y asi todos los días, hasta que una vez, decidió poner sobre su tumba, rodeada de flores, su retrato, no sin antes hacerle una cubierta, todo rodeado de flores, para proteger el cuadro.

Todos se reunian para caminar hasta su tumba, Chucho ponía sus fieles oraciones y todos acompañaban.

Mucho después, Leonardo enfermó. Sin poder trabajar, sin poder hacer sus largos viajes para hacer y vender sus cuadros y sin recursos, decidió volver a su amada casa, esa que heredó de su padrastro y dejando ese precioso lugar lleno de niños y jovenes protegidos y muy queridos por su papi Chucho, Leonardo, muy triste, pero con la sensación del deber cumplido y no antes de ir a despedirse de su idolatrada hija, puso camino de regreso a su casa. Alli, esperó su final.

Completamente solo y con los cuatro caballos cargando su equipaje, Leonardo se radicó en su casa sin que nadie supiera, hasta que un día, guiados por el humo, se acercaron por curiosidad, a ver quien estaba en esa casa que nadie ocupaba y que todos conocian de quien era, encontrandose con un hombre viejo, barbudo y muy flaquito, tumbado en su cama…yacía muerto.

Sus cuadros

Jamás dama alguna, se artevía, en aquella época, a pedir ser pintadas; mas, en la calle botadas como animalitos despues de ser ultrajadas y convertidas en putas, había por montón. Todas lindas y las que no, Leonardo se encargaba de hacerlas bonitas.

Ilustración 2 Ellas eran tan generosas, que andaban repartiendo pan elaborados por ellas mismas.

Los deseos de Leonardo

Ilustración 3 Deseos de que esa mujer fuera su madre

Ilustración 5 Leonardo y Daniel

Ilustración 4 las madres de ambos
y ellos siendo niños

Ilustración 9 Leonardo deseaba haber sido mujer y tener asi una familia

Ilustración 8 Asi deseaba estar

Ilustración 6 De esa forma imaginaba su sufrimiento

Ilustración 7 Si bien La Mona es la hija de Daniel, no hizo su rostro porque fea y puso el suyo con deseos de gritar ÉSTE SOY YO.

Pinturas por pedidos

Dibujos en dos minutos

Solo miraba, lo veia perfecto, y lo dibujaba, en dos minutos. No veía a quien, solo lo hacía y ni se daban cuenta. Después los vendía. Hizo muchos, muchos, miles de todo y para todo; desde ojos hasta pies. Todo lo que veia, él dibujaba, todo. Animales, plantas, personas discutiendo, los rostros diversos, tal cual. También a Pablo, el gobernador.

Ilustración 10 Pablo, el gobernador sanguinario

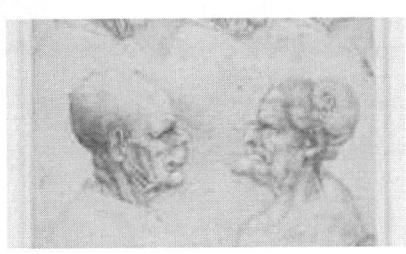

65

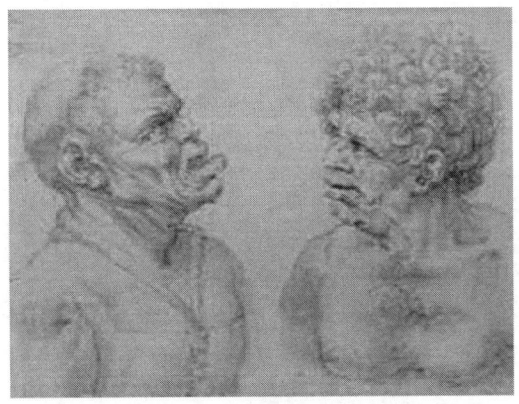

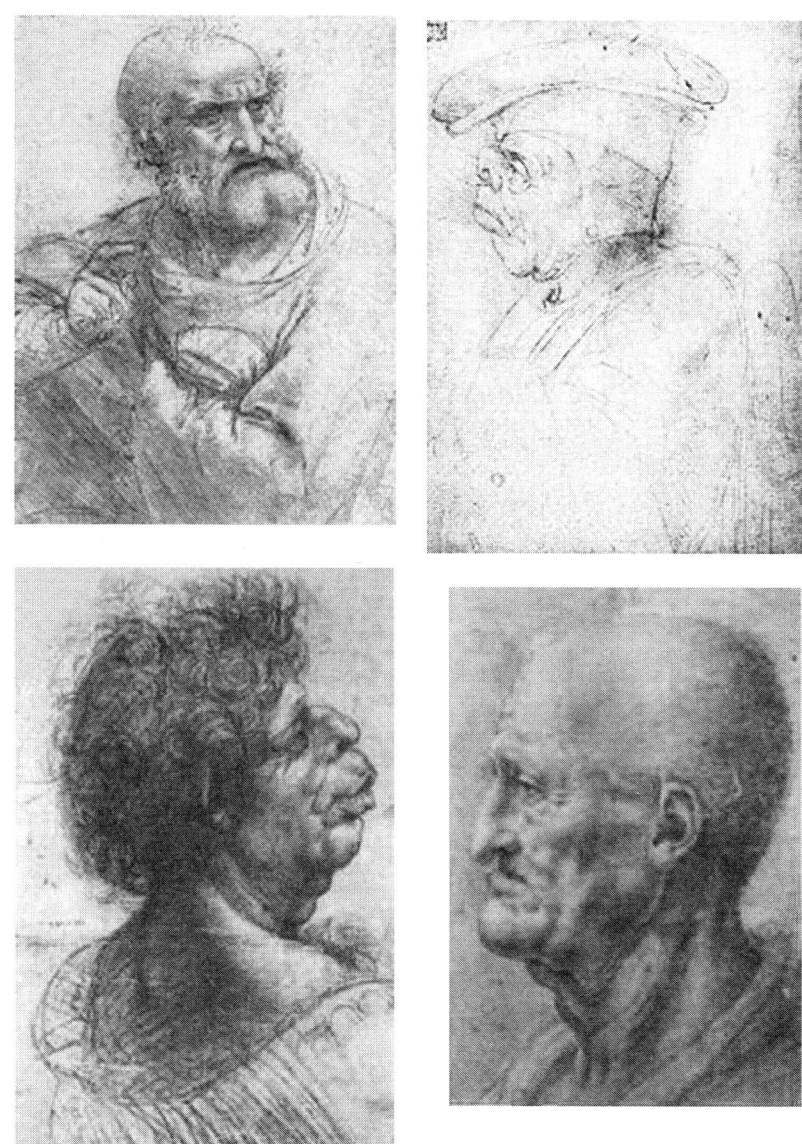

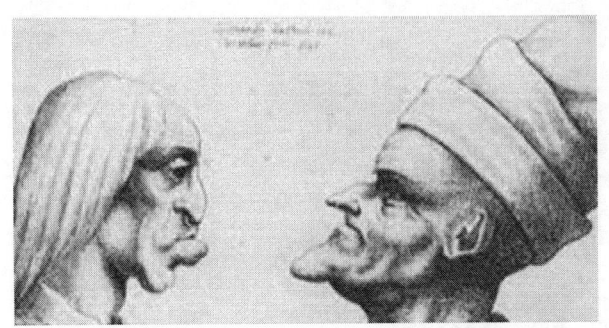

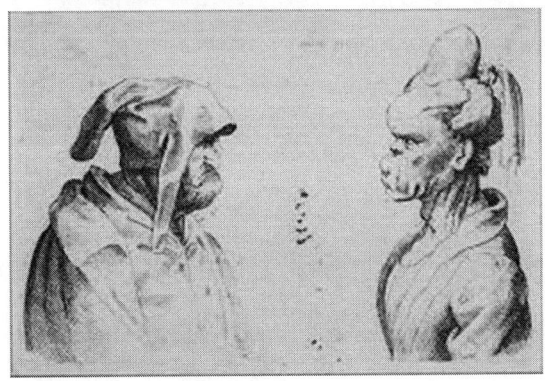

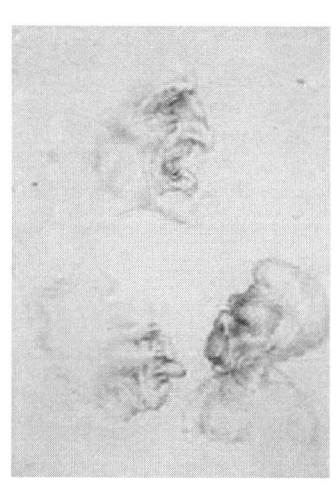

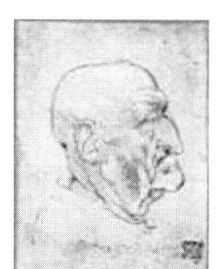

Insultos jamás dichos

leonardo veía como los niños eran abusados y terminaban como él, pero casi siempre, flagelados por orden de Pablo, el horrible gobernador que, siendo uno de los primeros en hacerlo, no permitía ver el producto de su maldad.

Leonardo en protesta y sin poder decir ni una sola palabra, decidió insultarlo, protestar de la forma que solo él podía y que nadie imaginaba.

Y su más perfecta burla a quien flagelaba a los maricones. Leonardo, muy dolido, no puso el feo rostro de su amada Mona y puso el suyo, pero aprovechó para hacer su insulto al abonimable gobernador, como diciendole *"Mirame, éste soy yo"*

Las medicinas y sus remedios

Ilustración 11 Este esclavo fue encontrado asi, ya muerto y a su amigo se le ocurrió revanarlo, todo, para ver como era el humano por dentro.

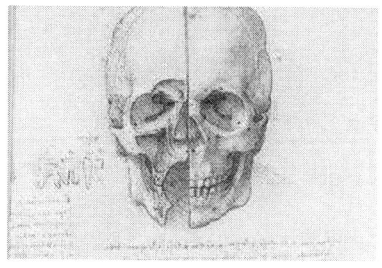

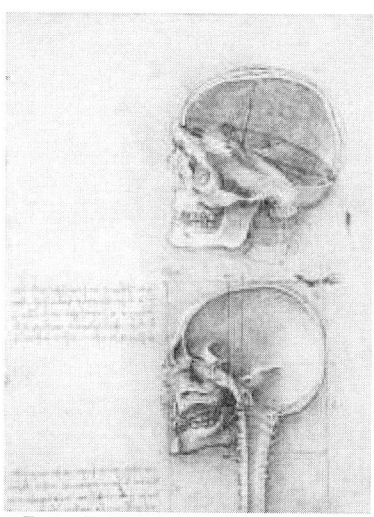

Ilustración 12 Asi comenzó ese fin, hacerlo revanada.

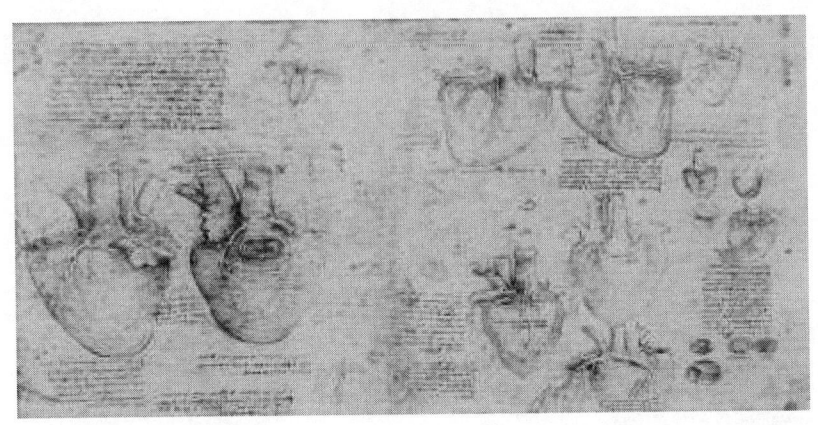

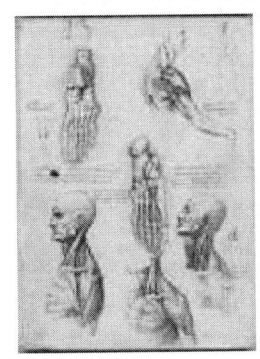

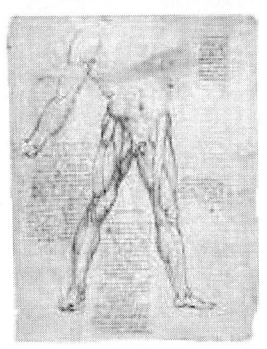

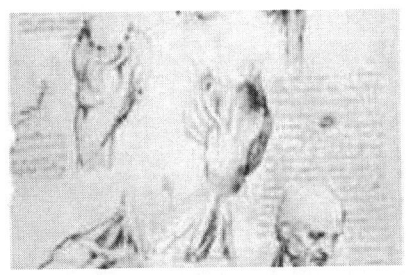

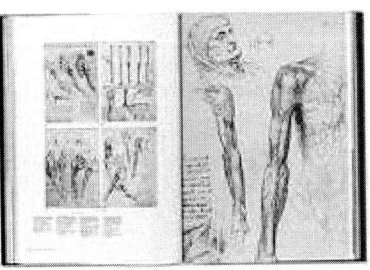

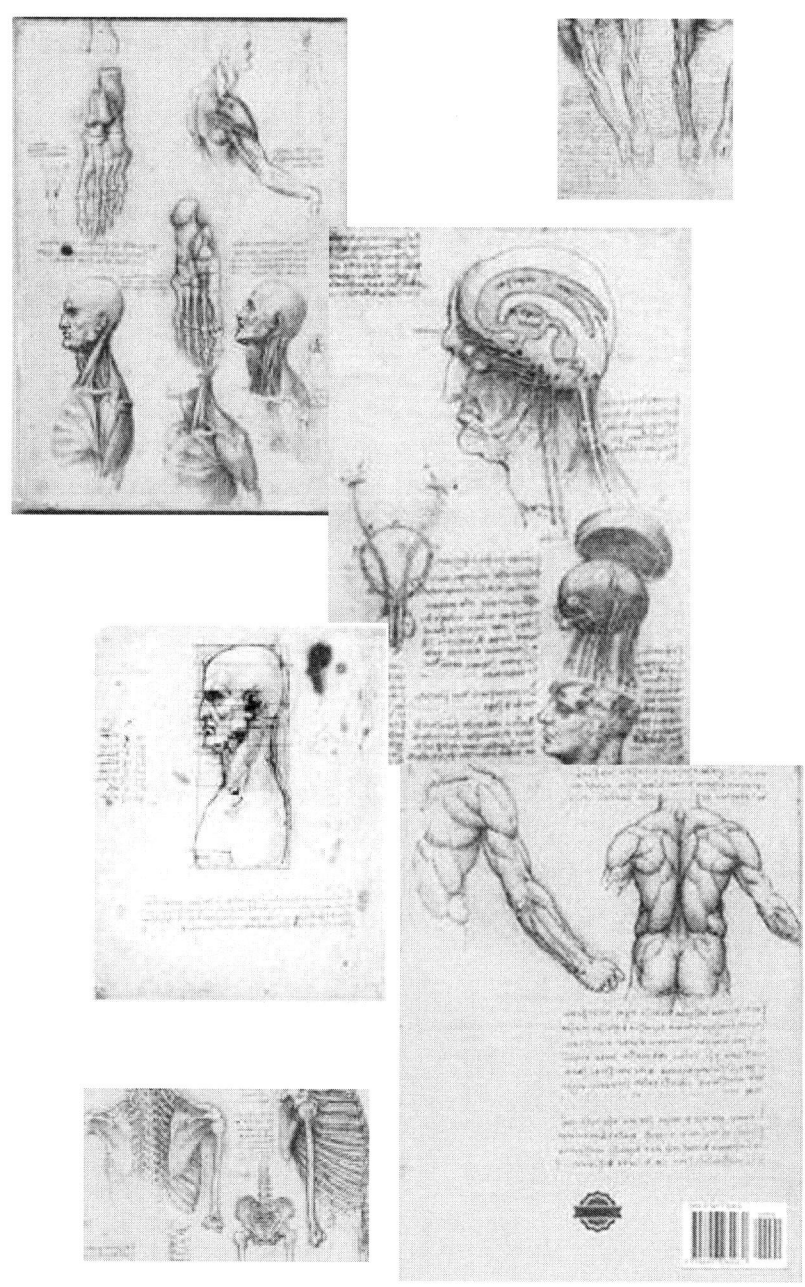

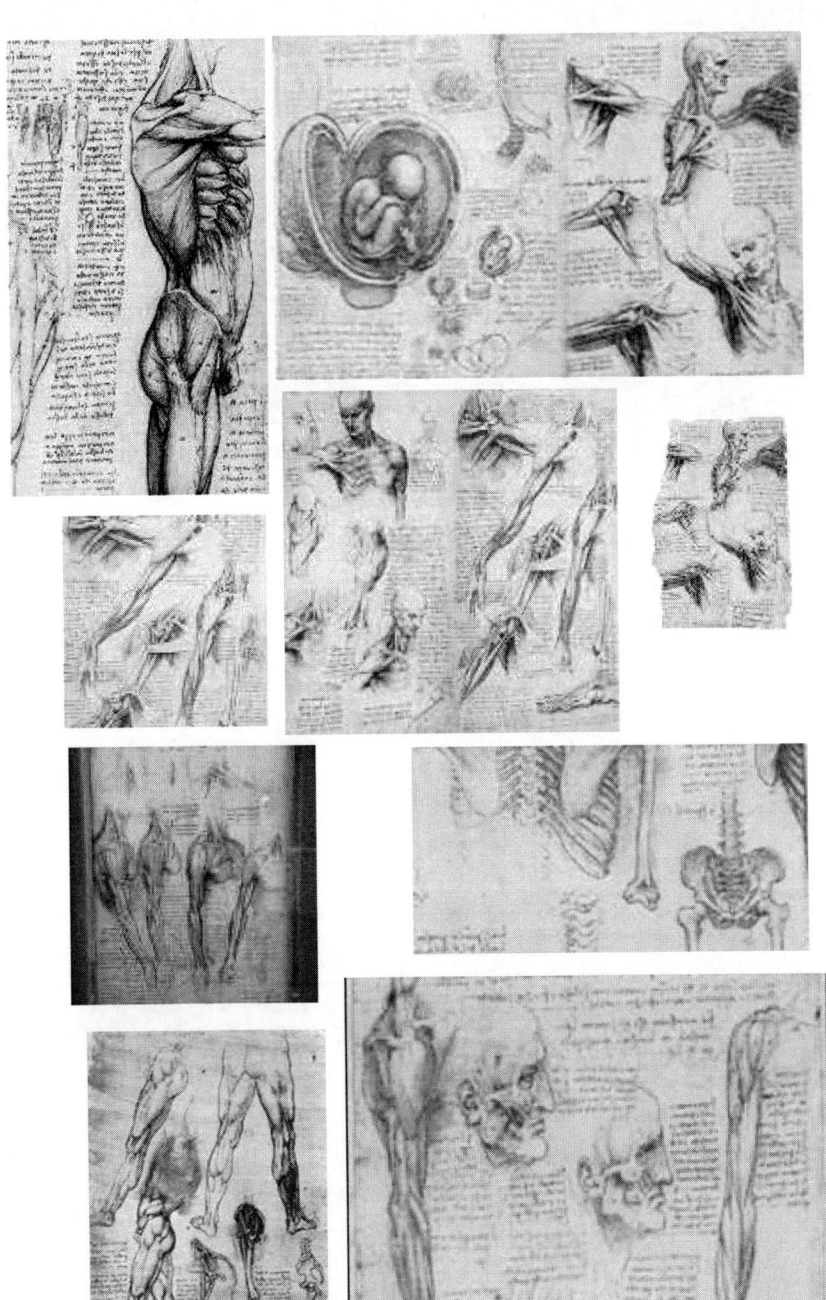

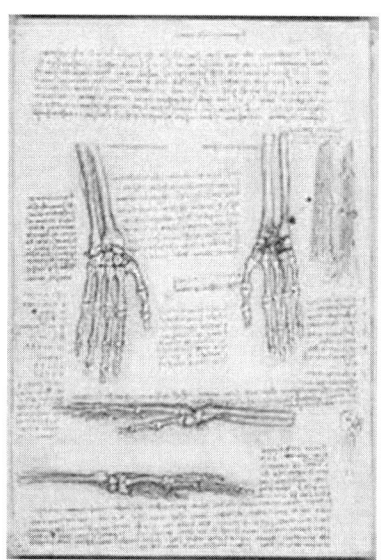

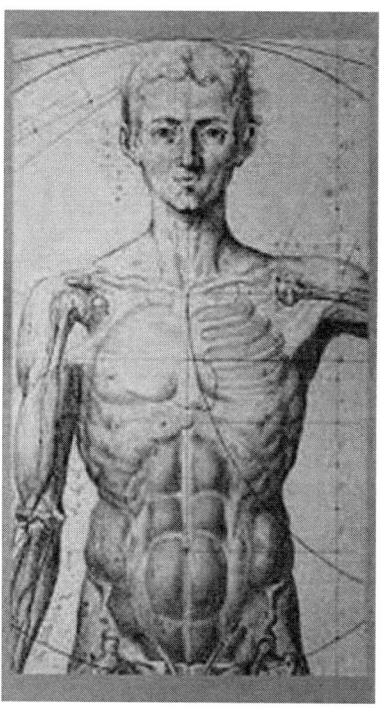

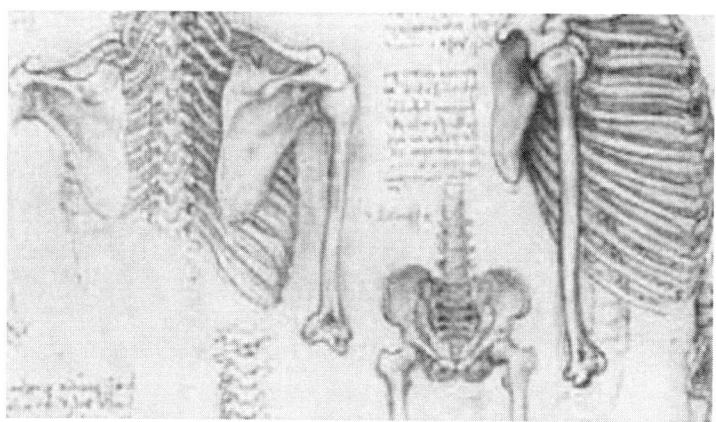

75

Sus escrituras de revez

Para poder estar sin que lo acaben por escribir tanto sin razón, y para que nadie supiera lo que hacía, Leonardo se las ingenió para lograrlo y lo hizo, tan lo hizo, que actualmente siguen sin imaginar como. Aquí se los digo.

Al comienzo, como todo en la vida, fue muy absolutamente dificil, entonces sencillamente hizo, asi como decir, su propio abecedario. Asi empezó, con mucha dificutad; mas, despues, ya era feliz haciendolo.

Escribió mucho, tanto como dibujos hacía, detallaba todo en forma minuciosa, especialmente cuando veía que a nadie se le ocurria, siquiera, pensar en como eran las cosas, la vida, todo.

Y es que Leonardo ignoraba, a su vez, que cada cosa que hacía en bien de la humanidad, era inspirada por Dios; en otras palabras, Daniel, amó, sufrió, padeció para llegar a eso, poner las cosas en su lugar para el futuro; y, como siempre, todo se repite, fue utilizado por la ambición desmedida de los que no conocen de Dios a Dios.

Los más escalofriantes, nunca pusieron, porque de ello hicieron sus propios conocimientos; mas, todo tiene su hacer. Leonardo supo revanar los muertos, como mortadela, muy finitos, para poder observar como era el ser humano. Supo hacer el dolor y poner causa, escribía cada cosa que veía porque asi tenía que ser para conocer el origen que, gracias a su amigo supo hacer.

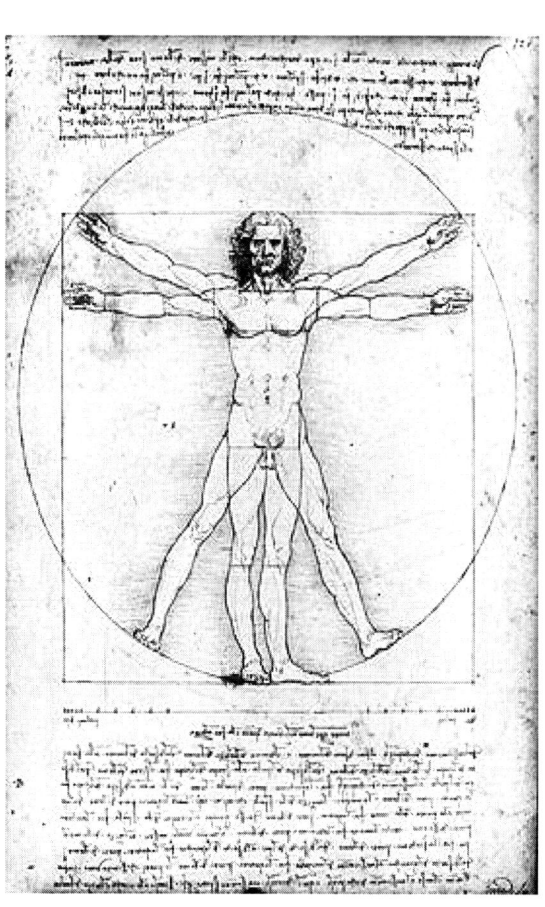

Ilustración 13 Fue idea de su amigo, le podió lo dibuje brincando, abriendo y cerrando los brazos y las piernas

Después ya todo se desbarató, él mismo tuvo su caida, cuando decidió acabar con la vida de su recién parida concubina para ver como quedaba la mujer despues del parto, porque antes del parto ya lo habian hecho con una mujer muerta. Leonardo no quiso continuar con esa macabra idea y todo se acabó. Leonardo se fue llevandose todo y su amigo se quedó lleno de furia, pero sin protestar ni hacer nada porque eran amigos y porque conocía muy bien a Leonardo.

Despues continuó ya con sus cuatro caballos y sus cuatro carretas a recorrer, iba donde sus muy amados caballos lo llevaban. Durante dos años anduvo de esa forma hasta que Pablo lo atacó, no para dañarlo sino para que le hiciera su retrato y asi fue. Muy contento, decidió ponerlo como Poder en su gobierno, pero Leonardo no aceptó.

Tiempo después, Pablo, muy enfermo, y conociendo sus remedios con hierbas y más que hacía con los peregrinos, él mismo lo buscó hasta encontrarlo para que lo sanara.

Leonardo, muy sin querer y sin poder hacer otra cosa, aceptó ir y lo sanó, porque solo era fiebre alta (hoy intestinal). Asi consiguió de ese infame hombre la yuda para los peregrinos y esclavos.

Ya andaba como de 80 años y siguió hasta los 102 que una pulmonía lo mató, pero su cambió fue radical, gracias a Leonardo. Solo los maricones no tubieron nada, a mas de sus vidas, porque a partir de entonces no los flagelaban, pero si eran absolutamente ignorados.

Mucho se hizo querer, mucho dio, mucho padeció cuando él mismo veía tanto sufrimiento. Muchos lo ayudaban llevando mantas, alimentos, hierbas, frutas especialmente a los niños que desesperados comían. Asi fue de radical su cambio, ayudó tanto que despúes adoraban su presencia porque andaba buscando como dar, como aplacar el hambre, como sanar tantas heridas.

Y Pablo, despues de haber sido un ser maligno, se convirtió en la adoración de quienes tubieron la suerte de contar con su presencia.

Cuando falleció, lloraban mucho y, sobre sus hombros, fue trasladado hasta su ultima morada, sobre una gran tarima, cubierto con una blanca manta y sobre él una pesada crus de oro puro. Fue llevado hasta un lugar que era su preferido, un llano cubierto de montes y muchos tamarindos, sonde él solía recostarse despues de sus faenamientos con mujeres.

Cabaron una fosa muy honda y envuelto en su gran manta lo depositaron. Y Roma quedó en acefalía.

Los inventos que no son

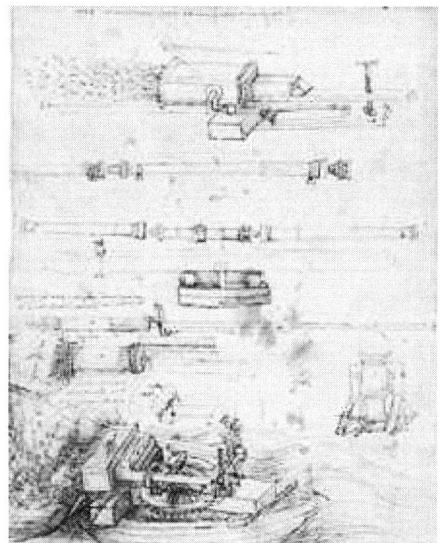

Ilustración 14 Ideas de Chucho y Daniel para cazar y Leonardo poniendo su ingenio

Ilustración 16 El dueño de la idea fue un tipo muy bueno llamado Felipe que amaba a los barcos

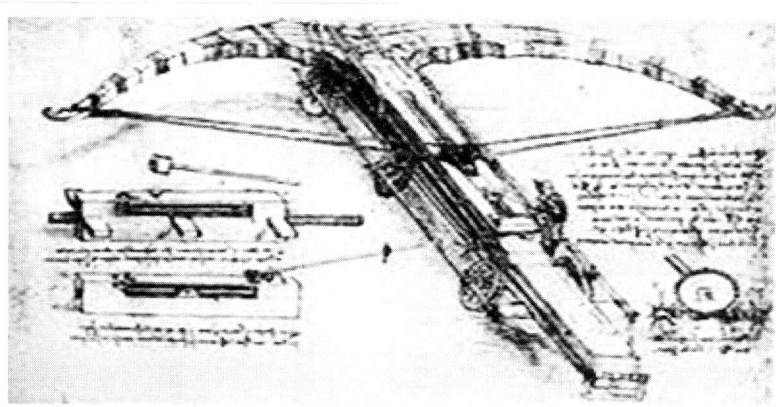

Ilustración 15 Idea de Chucho que andaba buscando la forma de cazar palomas, puso la idea, Leonardo la perfeccionó

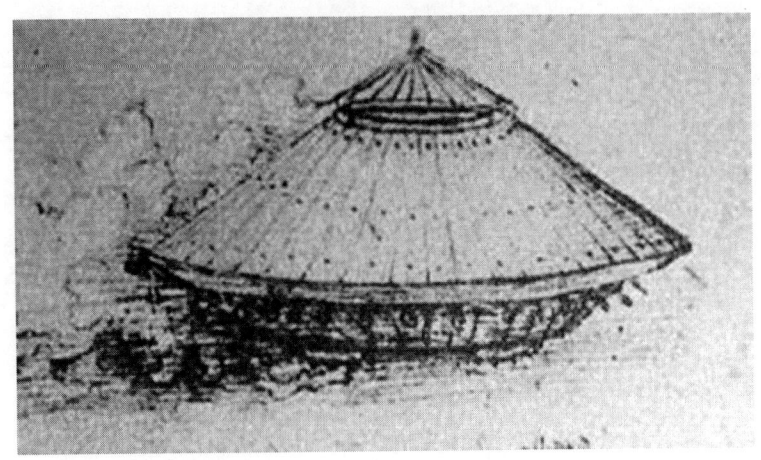

**Ilustración 18 El gallinero del padre Chucho, hecho e ideado por los tres:
Chucho, Leonardo y Daniel**

Ilustración 17 Su dueño, Simón, hijo amado de Chucho, buscando entretenerse

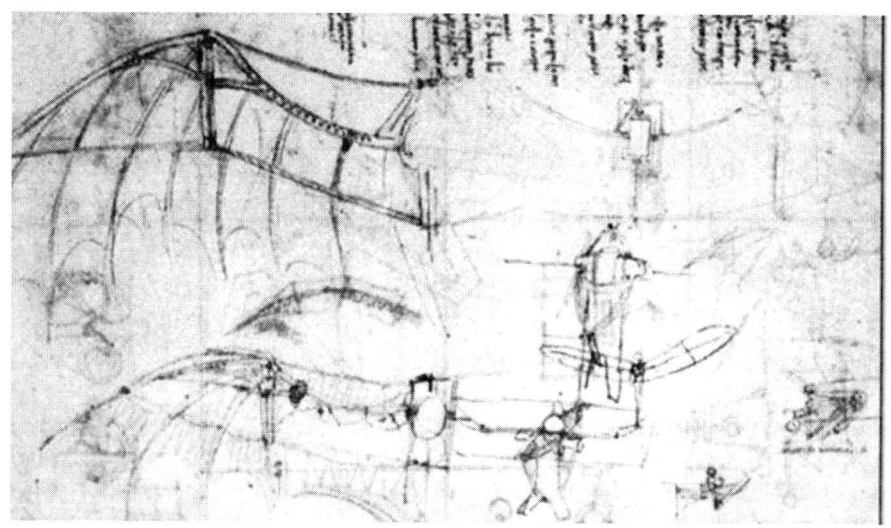

Ilustración 20 Idea de un loco trotamundo que llegó a la Loma buscando comida. El miraba a las aves y decía que podía volar también para no caminar. Nunca se fue, se quedó ayudando a Chucho

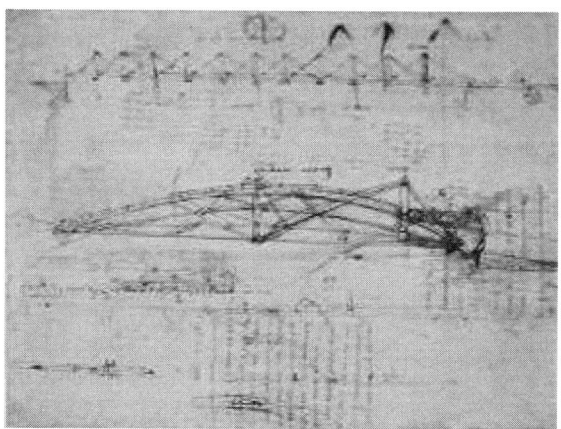

Ilustración 19 Esto es un recogedor de maiz, ideado por Leonardo para que Daniel no pase tanto trabajo

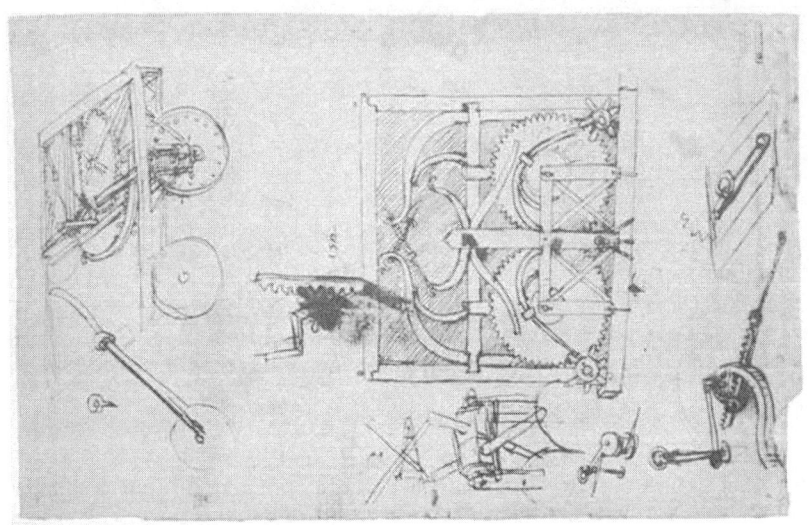

Ilustración 21 Los tres, Leonardo, Daniel y Chucho, deseando poder salir de ese lugar, idearon eso que nunca lograron utilizar.

Ilustración 22 La magestuosa carreta de leonardo, ideada y elaborada por él con la ayuda pertinente

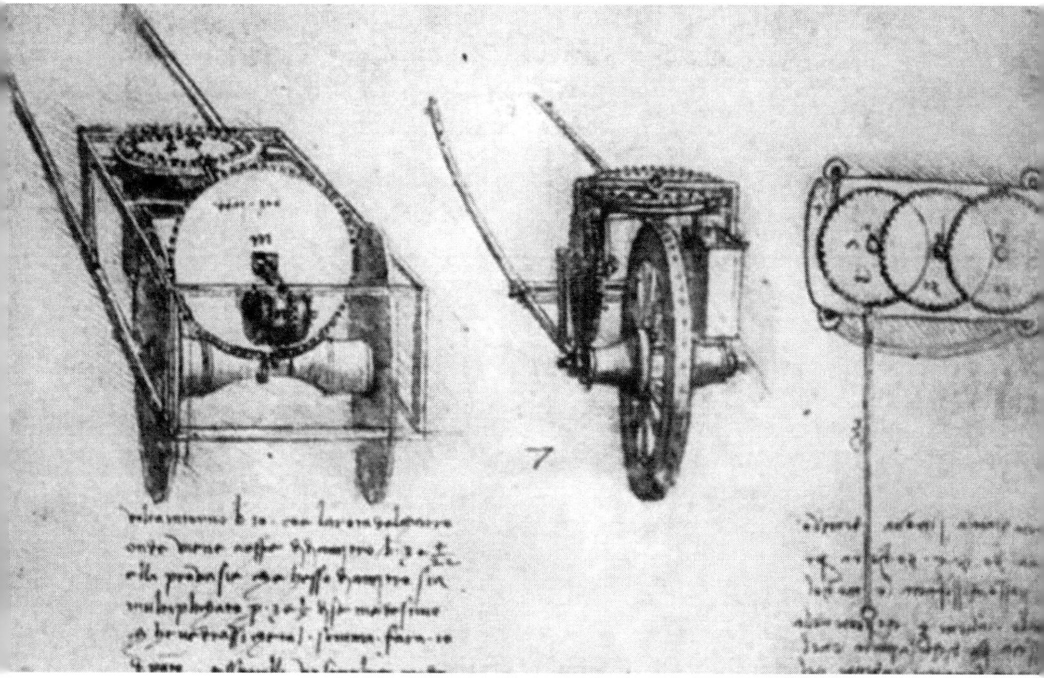

Ilustración 24 Esta fue idea del mensajero del Rey Felipe, que cansado de andar corriendo, ideó algo para poder andar sin tanto esfuerzo, Leonardo solo lo dibujó perfeccionandolo. Nunca realizó su sueño.

Ilustración 23 Nada de lo que dicen, es

Epilogo

¿Qué sucedió con todos los dibujos de este gran ser humano que pasó su vida entre sufrimiento, dolor, angustias, tormentos, dicha, prosperidad compartida con los más necesitados y apoyando la causa del, hoy aun desconocido, padre Chucho, en Roma?

Eran miles, diversos los dibujos porque eso era su pasión, su vida, con ellos podía ayudar al padre Chucho para alimentar, vestir y proteger a los miles de niños abandonados y que el Padre Chucho recogía. Cuando ya crecían, entre ellos Daniel, y no se iban a vivir su vida en otros lados, sus amados hijos lo ayudaban en esta tan sublime y sacrificada tarea de ayudar a los mas desprotegidos, porque no solamente niños llegaban hasta donde él.

Despues tuvo a la Mona, ella era la madre que nunca tuvieron esos muchos niños, hasta su muerte. Ella, no era hija de Leonardo, pero la amó igual, porque el padre Chucho, Daniel y su hija, eran su propia vida.

El padre Chucho tiene su propia historia.